나타
부한
테일즈런너 Tales Runner
부수한자
8
http://cafe.naver.com/chunjaebooks
NAVER 리틀북카페 에 들어오시면
다양한 이벤트 및 정보를 보실 수 있습니다.

테일즈런너 나타부한 부수한자 8권

발행일 : 2015년 1월 2일 초판 / 2015년 1월 2일 1쇄

발행처 : (주)천재교육

발행인 : 최용준

책임편집 : 박세경, 이미순

기획편집 : 이복선, 안흥식

마케팅 : 김철우

제작 : 황성진

글쓴이 : 이준범

그린이 : 이정태

신고번호 : 제 2001-000018호(1980. 5. 28)

편집 : 02-3282-8512

영업 : 02-3282-1675

팩스 : 02-3282-1717

고객만족센터 : 1577-0902

주소 : 153-801 서울특별시 금천구 가산로 9길 54

홈페이지 http://little.chunjae.co.kr/

ISBN 978-89-269-6676-1 64710

감수의 글

“하늘 천(天), 땅 지(地), 검을 현(玄), 누를 황(黃)…….”
 한자를 무조건 외우기만 하면 이해도 안 되고 어렵기만 합니다. 어떻게 하면 쉽고 재미있게 공부할 수 있을까요? 바로 부수한자를 만화로 배우면 됩니다.

“부수한자 해 일(日)로 만든 한자는 때 시(時), 어제 작(昨)이 있네? 아하~ 해 일(日)은 시간이나 날짜와 관련된 한자를 만들 때 쓰는구나!”
 부수한자는 한자의 기본이 되는 것으로, 부수가 같은 한자는 서로 연관된 의미를 갖습니다. 따라서 부수한자를 알면 한자의 의미를 이해하는 데 많은 도움이 됩니다.

 한자를 ‘쉽게’ 공부하는 방법에 대한 답이 부수한자라면, ‘재미있게’에 대한 답은 누가 뭐라 해도 역시 만화가 아닐까요? 〈테일즈런너 나타부한 부수한자〉의 주인공들과 흥미진진한 모험을 함께하는 사이 많은 부수한자를 저절로 알게 될 것입니다.

 많은 어린이들이 이 책을 통해 부수한자를 쉽고 재미있게 공부하여 한자와 친해지기를 바랍니다.

감수자 일동 : 허시봉, 정규돈, 김준영
(전국한문교사모임)

이 책의 특징

1 일거양득(一擧兩得)

: 한 가지 일로 두 가지 이익을 얻음.

이 책 한 권으로 '학습'과 '재미'를 모두 얻을 수 있습니다.

2 박장대소(拍掌大笑)

: 손뼉을 치며 크게 웃음.

테일즈런너와 금동이의 코믹하고 흥미진진한 모험을 함께하며 신 나게 웃을 수 있습니다.

3 파죽지세(破竹之勢)

: 적을 거침없이 물리치고 쳐들어가는 기세.

한자능력검정시험에 자주 출제되는 한자들을 이야기로 구성하여 실전에서 막힘이 없도록 돕습니다.

4 철두철미(徹頭徹尾)

: 처음부터 끝까지 빈틈없고 철저함.

부수한자와 한자의 생성 원리, 한자성어 등 한자의 모든 것을 담았습니다.

나타부한(나타나라 부수한자)!

• 부수한자란?

부수한자는 수많은 한자들 중 공통성이 있는 것끼리 모아 그 부분을 대표하는 글자를 내세운 것입니다. 총 214자이며 한자사전(漢字辭典)에서 한자를 찾을 때 기준이 됩니다. 자기 스스로가 부수여서 '제부수한자' 라고도 합니다.

• 스토리텔링 연상법으로 214자 부수한자 익히기

제부수한자인 해 일(日)은 달 월(月)과 만나 밝을 명(明)이, 잠깐 사(乍)와 만나 어제 작(昨)이 됩니다. 〈테일즈런너 나타부한 부수한자〉는 214자의 부수한자를 재미있는 만화로 담았습니다. 이 책을 통해 주인공과 함께 신 나는 모험을 하면서 자연스럽게 한자를 익힐 수 있습니다.

• 부수한자 마법 나타부한 활용하기

만화 속 인물들이 "나타부한!"을 외치면 부수한자가 나타나고 그 부수한자를 사용해서 부수한자 마법을 쓸 수 있습니다. 빨간색으로 강조한 부분이 부수한자이며, 그 아래에는 한자의 필순을 표기하여 학습에 도움이 되도록 하였습니다.

등장 인물

※ 아래 ▨▨▨ 는 캐릭터의 능력을 표시한 것입니다.

금 동 이

마력	정의감
0	70	100

부수한자 쇠 금 金의 기운을 타고 태어난 선비이며 한대제의 제자이다. 한타지의 모든 선비를 없애고 부수 한자를 독차지하려는 못된 한마황에 맞서 싸운다.

호 야

마력	초스피드 땅파기	한타지 정보 수집
0	30	60	100

금동이가 말썽을 피울 때는 따끔한 충고를 해 주고, 힘들 때는 위로도 해 주는 친구이다. 한타지에 대해 모르는 것이 없다.

한 마 황

마력	버럭하기
0	70	100

일월오성검을 통해 후천적으로 강력한 부수한자 마법 을 얻었다. 양반 무리의 우두머리이며 한타지를 지배 하려는 야망에 불타고 있다.

나 르 시 스

마력	시도 때도 없이 거울 보기
0	15	100

테일즈런너에서 '미'를 담당하고 있다. 아름다운 외모가 곧 무기라며 어떠한 순간에도 아름다움을 유지하기 위해 노력한다.

※전설의 아이템 : 마음 심 心 거울

한 대 제

모든 것이 완벽 그 자체

0   100

금동의 스승. 한마황이 일월오성검으로 부수 광석을 봉인하고 한타지를 지배하자 몰래 금동이를 키우며 한마황에게 맞설 준비를 한다.

삼 천 갑 자 동 방 삭

마력

0   100

세상의 것에 대해 모르는 바가 없으며, 엄청난 부수 한자 마법 능력을 가진 전설 속의 인물. 한대제의 오랜 친구이다.

밍 밍

마력	분위기 파악 못하는 나르시스 날려버리기

0   30   100

테일즈런너에서 '귀여움'을 맡고 있으며, 상냥한 말씨와 부드러운 미소를 가졌다. 하지만 한번 화가 나면 걷잡을 수 없는 다혈질이다.
※전설의 아이템 : 기운 기 氣 손목 보호대

러 프

마력	판단력	뒤로 달리기

0   15   45   100

테일즈런너에서 '냉정함'을 담당하고 있지만 알고 보면 마음 따뜻한 남자이다. 뒤로 빨리 달리기가 특기이며, 빠른 판단력으로 위기 상황을 잘 헤쳐나간다.
※전설의 아이템 : 빠를 속 速 신발

 8권 부수한자

車	心	、	月	牛	土	匕	干
수레 차/거	마음 심	점 주	달 월	소 우	흙 토	비수 비	방패 간
7급	7급		8급	5급	8급	1급	4급

足	穴	入	夕	老	言	氵
발 족	구멍 혈	들 입	저녁 석	늙을 로	말씀 언	삼수변
7급	3급	7급	7급	7급	6급	

※ 한자의 순서는 책에 등장하는 순서입니다.

 8권 부수한자로 만들어진 한자

車 수레 차/거 — 軍 군사 군 (8급)

、 점 주 — 主 주인 주 (7급)

心 마음 심 — 愛 사랑 애 (6급)

月 달 월 — 有 있을 유 (7급) / 育 기를 육 (7급)

土 흙 토 — 地 땅 지 (7급)

穴 구멍 혈 — 空 빌 공 (7급)

入 들 입 — 內 안 내 (7급) / 全 온전 전 (7급)

夕 저녁 석 — 外 바깥 외 (8급)

言 말씀 언 — 記 기록할 기 (7급) / 語 말씀 어 (7급) / 話 말씀 화 (7급)

氵 삼수변 — 活 살 활 (7급)

8권 한자성어

언중유골(말씀 언 言, 가운데 중 中, 있을 유 有, 뼈 골 骨)
▶ '말 속에 있는 뼈'라는 뜻으로 예사로운 말이 아니라 속에 숨겨진 다른 뜻이 있다는 것을 말함.

외유내강(바깥 외 外, 부드러울 유 柔, 안 내 內, 굳셀 강 剛)
▶ '겉으로 보기에는 부드러우나 속은 꿋꿋하고 강하다.'는 뜻으로 겉은 연약해 보이지만 속은 굳건하다는 것을 말함.

지난 줄거리

나타부한
(나타나라 부수한자)!
7권에서 무슨 일이
있었지?
우리 서로 친구가
된 거니까…….

친구가 되자는
금동의 말에 미도의
마음이 조금씩 열렸어.
한편, 식물의 장군
빠오는 점점 더
강해졌어.
植

하지만 우리를
따라온 강아지
덕분에 빠오를
무찌를 수 있었지.
더욱이 그 강아지가
동방삭이었다니!
허허!
내가 좀 실력이
있지.

식물의 장군
▷▷▷ 빠오가 변신하다! ▷▷▷

또 하나, 좋은 소식!
그토록 보고 싶었던
스승님이 돌아오셨어.

한편, 동물의
장군 카오가 복수심에
불타서 우릴
공격했어.

愛

이런 위기의
순간에 변신한 나르시스가
등장했지. 전설의 아이템
마음 심 心 거울에는
어떤 능력이 있을까?

8권 속으로 출발!

척
바우우

나르시스!
밍밍, 그렇게 쳐다보면 부끄럽잖아.

뿅~
밍밍.

밍밍이 나르시스에게 반하다니!
부끄

부끄
어쩜 저렇게 멋있지?

하는 짓도
한심한 녀석이군.

이 반짝거리는
것은 뭐냐?

한심?

*난장(亂 어지러울 난, 場 마당 장) : 여러 사람이 어지러이 뒤엉켜 뒤죽박죽이 된 곳.

어디 해보거라!
나타부한!
수레 차/거 車!

수레 차/거 車를
부수로 저 녀석들을
공격해라!
군사 군 軍!

푸 항

車

군사 군軍 때문에 다시 동물들의 공격이 시작됐어!

지금이라도 일지매로 변신할 수 있다면!

일단 우리가 막아 볼게!

친구들, 여긴 나한테 맡겨 주지 않을래?

응?

드디어 내가 활약할 때가 된 것 같거든.

18 心 마음 심 · 心 心 心

*온순(溫 따뜻할 온, 純 순수할 순) : 온화하고 닦순한

크르르릉~!

크릉.
끼잉?

낑?
동물들이
갑자기
온순해졌어!
와!

착하구나.

얘들도 잘생긴 쪽을 좋아하는 것 같지?
이 꼬맹이가!

저리 비켜!
캥!
빡
할짝

점 주

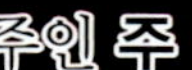

주인 주

나는 카오.
세상 모든 동물의
장군이다!

나타부한!
점 주 、!
너희의 주인을
알아 보거라!
주인 주 主!

내 명을 거역하고
꼬맹이의 꾐에
넘어가다니!

주인 主를
알겠느냐?
동물들을 괴롭히면서
주인 主 마법을
쓰다니!
쓰삭
쩍
킹
킹
동물들을
길들이는
방법이야!
주인의 힘이
더 강하다는 걸
보여주는 거지.
그럼
동물들은…….

크르르르르
이런!
다시 사나워졌어!
주인 주 主 때문에 무서워하고 있는 거라고!
미도야!
단순히 사나워진 게 아니야.
척
탓

언중유골

言中有骨

말씀 **언** 가운데 **중** 있을 **유** 뼈 **골**

기분 나쁜 말을 했는데 오히려 예쁜 말이라고? 언중유골이네!
호야!
언중유골?

언중유골(言中有骨)이란 '말 속에 있는 뼈'라는 뜻이야.

예사로운 말이 아니라 속에 숨겨진 다른 뜻이 있다는 것을 말해.
아하, 그렇구나!

가만, 말 속에 뼈가 있다고?

내 얼굴과 말을 칭찬한 게 아니었어?
그걸 이제 알았니?

1장
지하의 장군
지오의 음모!
育
기를 육
育
月

기를 육(育)의 부수한자는
달 월(月)입니다.

그러니까 제가
먼저 가서 싸우는 걸
보고 있으라고요?

누가 이겼는지
빨리 알려
달라는 말씀
이시죠?

그래.
일을 잘하면
상은 후하게
주마.

그런데 왜 그렇게까지.

어차피 저희가 한마황 님께 전달해 드릴 텐데요.
어허.

지금 한마황 님은 누구보다 빠르게 소식을 듣고 싶어 하신다.

여태까지 모두 당하기만 해서 화가 엄청 나셨다고.
그건 그렇습니다만.

 *생포(生 날 생, 捕 잡을 포) : 산 채로 잡음.

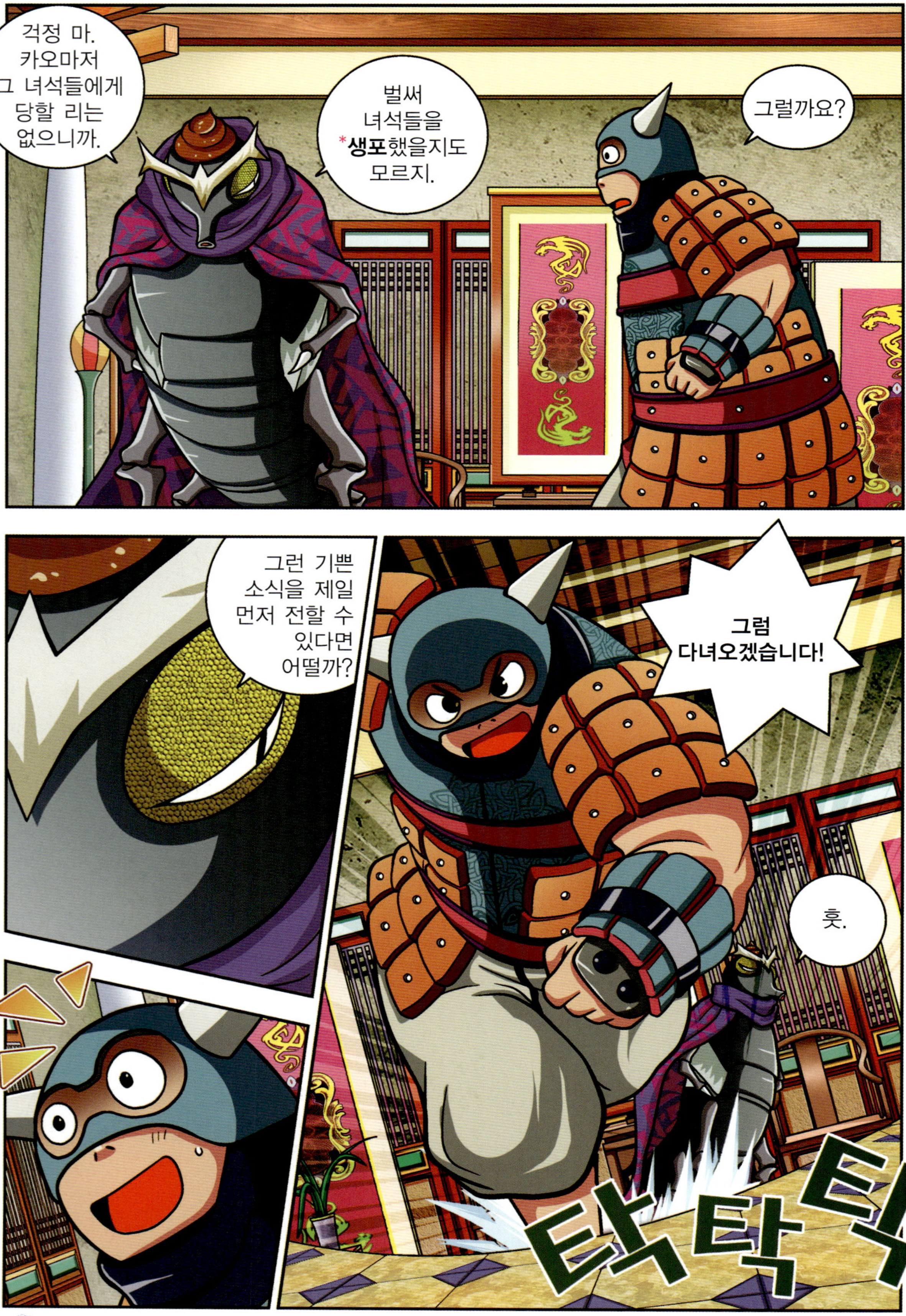

크크, 엄청 빨리 달려가는군.
녀석들은 강해. 카오라고 해도 반드시 이길 순 없어.
그렇다면 한마황보단 내가 먼저 소식을 듣는 게 좋겠지? 내겐 녀석들의 힘을 이용할 방법이 있으니까 말이야.

*선량(善 착할 선, 良 어질 량) : 행실이나 성질이 착함.

저 채찍에
맞으면 미도도
변하게
될 거야!
너 역시
내 지배를 받아야
하는 동물일
뿐이야!
위험해!
촤악
휘리릭

넌?
꾸국
꾸국
힘칫
뭐지?
이 느끼함은.
마음 심 心을
부수로 해서
친구, 여긴 내게
맡기기로 했잖아?

모두를 사랑하는 마음으로! 사랑 애 愛!
츄
저게 뭐야?
온 사방에 하트라니?
하하, 뭐 그런 정도까진

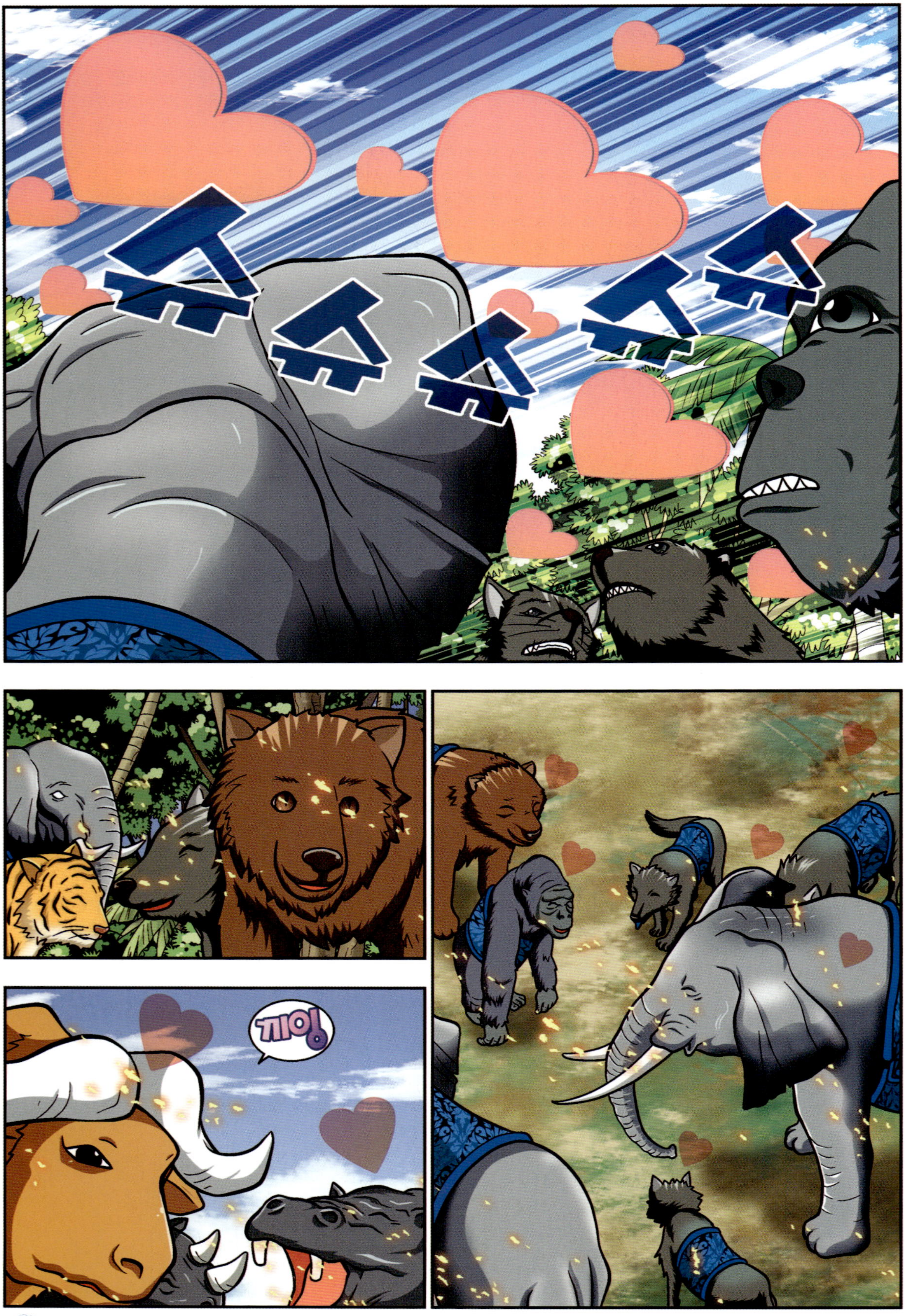

쿠 쿠 쿠 쿠 쿠
끼이잉!

나르시스 때문에?

정말 저 아이와 어울리는 부수한자 마법이야.
동방삭 님!

저 거울은 전설의 부수한자 아이템인 마음 심 心 거울이거든.
마음 심 心 거울?

밍밍이 가지고 있는 기운 기 氣 팔찌는 엄청난 힘을 가지게 해 주고.

러프가 신은 빠를 속 速 신발은 놀라운 속도를 주지.

그리고 마지막 아이템이 바로 마음 심心 거울이야.

마음의 힘을 이용하는 전설의 아이템인 건 분명하지만
저렇게까지 잘 사용하다니.

나르시스랑 아주 딱 어울리는 아이템이네!

요기도 사랑 애愛!
빵야
저건 너무 오버 아냐?

이제 그만
포기하는 게
어때?

동물들을
채찍으로 지배할
수 없어. 서로
사랑하게 되었거든.
너도!

뭐라?

촤와
무슨 멍청한
소릴! 내 채찍이
그 따위 마법
때문에 무너질 것
같으냐!
탕

파파파파파앙
네 채찍은 이제 '사랑의 매'가 되었어.
그 채찍은 때릴수록 사랑의 힘만 강해질 거야.
크흑!

아앙♡앙

아무리 그래도 심하잖아?
토할 것 같아.
이건 못 말리겠지...

나르시스 말이 맞아! 지금이 녀석을 무찌를 기회라고!

크흑.

꼬맹이 녀석들.
뭐?

동물의 장군인
나 카오!
쿠우우
그런 잔재주에
지지 않는다!
나타부한!
달 월 月!
헉.
月
달 월 月
이라니!

 有 있을 유 ノ ナ 才 冇 有 有

곧 공포를 경험하게 될 테니까.
헐~.
퍽

이 꼬맹이가! 갑자기 때리면 어떡해!
뭐?

잠깐 기다리란 말이야!

나도 준비가
필요하다고!
으흠

큭.
준비를…….

뭐야? 이렇게
쉽게 이기는
건가?
있을 유 有만
쓰고. 뭔가 좀
이상한데.
슈우우우
으아악!

있을 유 有만이 아니었어. 달 월 月의 기운이야!
몸이 자라고 있어.
나타부한! 달 월 月! 내 몸을 길러라! 기를 육 育!
칸
푸

 OX 퀴즈 있을 **유** 有와 기를 **육** 育의 부수한자는 달 **월** 月이다? (정답은 49쪽에 있어요.)

우리가 방심했어.
안 보이는데?
콜록
콜록

잠깐,
기를육育
마법이라면?

스윽

쿵
저기야!
위를 봐!

우
크크크, 내가
도망쳤다고?
진짜 싸움은
이제 시작이다!
정답 O
49

2장

空
빌 공

진정한 일지매의
의지란?

빌 공(空)의 부수한자는
구멍 혈(穴)입니다.

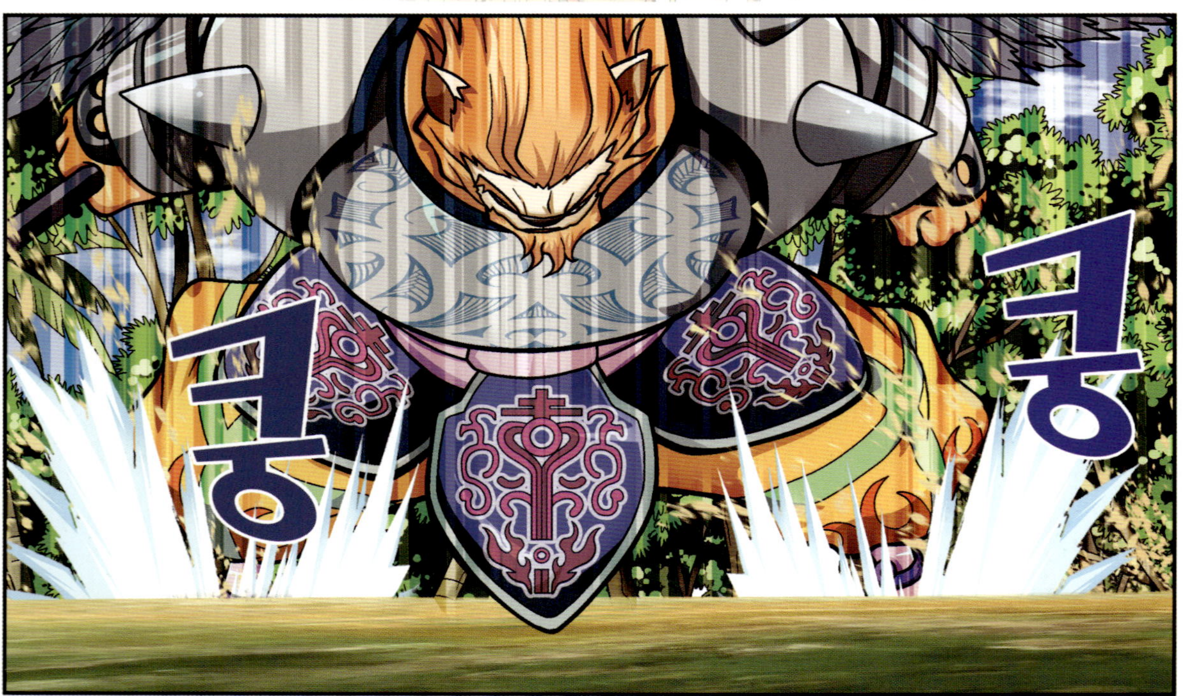

*무용지물(無 없을 무, 用 쓸 용, 之 갈 지, 物 물건 물) : 쓸모없는 물건이나 사람.

사랑의 힘아 솟아라!
사랑 애 愛!
흥!
잔재주는 소용 없다고!
캬
캉
愛 사랑 애

이럴 수가!
사랑 애 愛가
통하지 않다니.

회오리와
함께 동물들이
사라졌지만
난 당하지
않아.

동물들이
사라졌다는 건
마음껏 공격할 수
있다는 뜻이야.
선비님!

나타부한!
소 우 牛!
힘을 합쳐
저 녀석을
물리치자!
牛
팡
팡

미도야, 준비됐어?
좋아. 우리의 힘을 보여 주자!
우리의 공격을 받아라!
타탁탁

크흐흐. 감히 나와 같은 하늘로 날아오르려고 하느냐?

턱
파칫
파칫

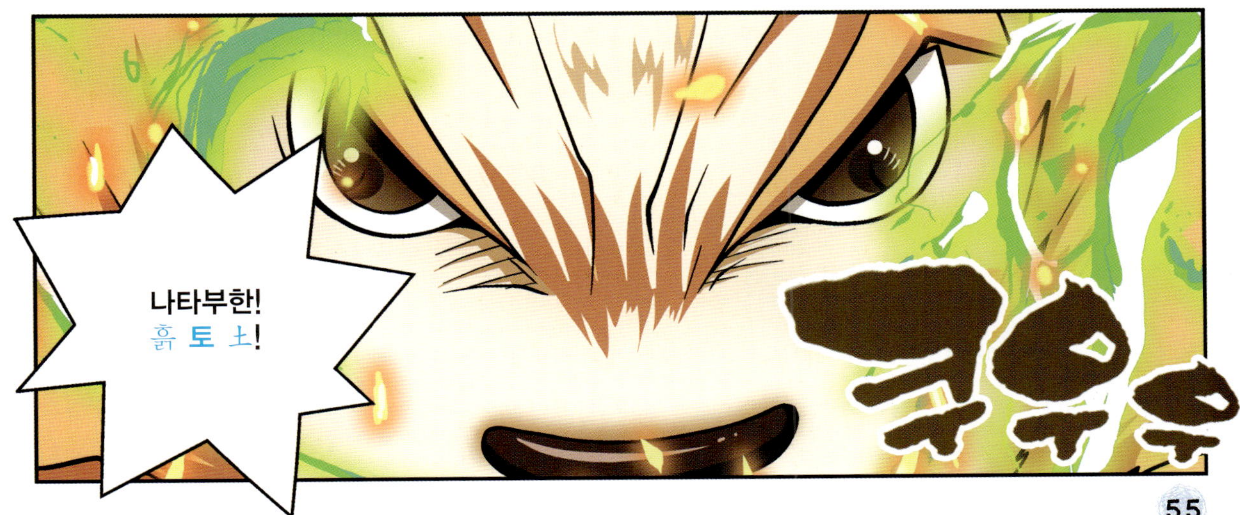

나타부한!
흙 토 土!
크우우

 地 땅지 一 十 土 坩 坩 地

정신 차려!
다들
괜찮아?
틈을 줘선
안 돼! 다시
가자!
내가 땅 지 地
마법을 쓴 걸
잊었느냐?
푸룽
푸룽
발이
안 움직여!
쾅 쾅 쾅 쾅!
속

땅 지地 마법 때문에
이제 너희는 땅에 발이
묶여 있게 될 거다.
즉, 날 공격할 수
없다는 얘기지.
휘이이이이이잉
지금이라도 항복하고
싶겠지. 하지만 난 너희를
용서하고 싶지 않아!

58

匕 비수 비 ／ 匕

스승님!
나타부한!
방패 간 干!
푸 항
우리는 한자 에너지를
다 써서 저 녀석의
힘을 오래 감당할
수 없어.
이건 너희들의
싸움이야!
네?

방패 간 一 二 干

그럼 저도
방패 간 구
마법을!

척

소용없다!
저 녀석을
이길 방법은
네가 일지매로
변신하는
것뿐이야!

!

금동아!
어서!

알았어.
해볼게!

이번엔 꼭 일지매가
되어야 해!

꾹

일지매의
의지야!
나타나거라!
조용
왜 안
되는 거야!
금동이 님,
너무 안쓰러워요.
중요한
순간에 꼭!

크흐흐.
마음대로 되지 않는
모양이지 꼬맹아?
너 같은
애송이에게 빠오가
당했단 말이냐!
빠오의 복수를
해 주마!
나타부한!
발족足!
足
콰아아
足 발족　ｌ口口尸尸尸足足

 *사정(事 일 **사**, 情 뜻 **정**) : 일의 형편이나 까닭.

소용없다고 하지 않았느냐!
지금이라도 대신 방패를…….
넌 일지매가 될 수 있어.
네?
아직 그 방법을 모를 뿐이야.
일지매가 되려면 마음을 비워야 한다.
마음을 비우라고요?

제 친구들을
보세요!

싸움 때문에
다들 저렇게
다쳤다고요!

게다가
스승님까지
다치셨는데 어떻게
마음을 비울 수
있겠어요!
금동아.

털썩
이건 전부
제가 너무
약해서…….

정답 ✕ 발 족 ㅁ은 제부수한자입니다.

하지만 이 싸움이 끝나기 전엔 싫어.

맞아. 그리고 여기서는 내가 제일 잘생겼거든.
이 상황에서까지 꼭 그래야겠니?
변신해도 성격은 똑같군.

모두 같은 마음이에요.
선비님!

금동이 님이 아니었다면 난 여기까지 오지도 못했을 거예요.
금동이 님과 함께 생명 나무를 찾아서 백의종 선비님을 살리고 싶지만, 그건 내 싸움이기도 해요.

나도
마찬가지라고.

친구라는 건
함께 힘을 합치는
거잖아.
미도야!

알았어.

팟
다시 한 번 일지매의
의지를!

일지매의 의지…….

마음을
비운다…….

그래.
이 싸움은
모두의
싸움이야.

친구들을
믿는다면 마음을
비울 수 있어!

후우

나타부한!
구멍 혈 穴!

구멍 혈 穴을 부수로 해서 마음을 모두 비운다! 빌공 空!
꽈
콰
콰콰
콰콰콰
空 빌공
八 宀 穴 穴 空 空 空

쿡!
콰아앙
꼬맹이 녀석!
무슨 잔재주를
부린 거냐!
그런 건 없어.
냐우우
저 눈빛은!

다만 마음을
비웠을 뿐이지.

빌 공 空
마법이야!

금동아!
성공했구나!

너희들
덕분이야.
어? 발이 빠졌어!
우리?

그래. 그게 다 내
덕분이란 거지?
변신해도
성격은
여전하네.

너희를 믿기
때문에 마음을 비울
수 있었거든.

이제 제게
맡겨 주세요.
응?

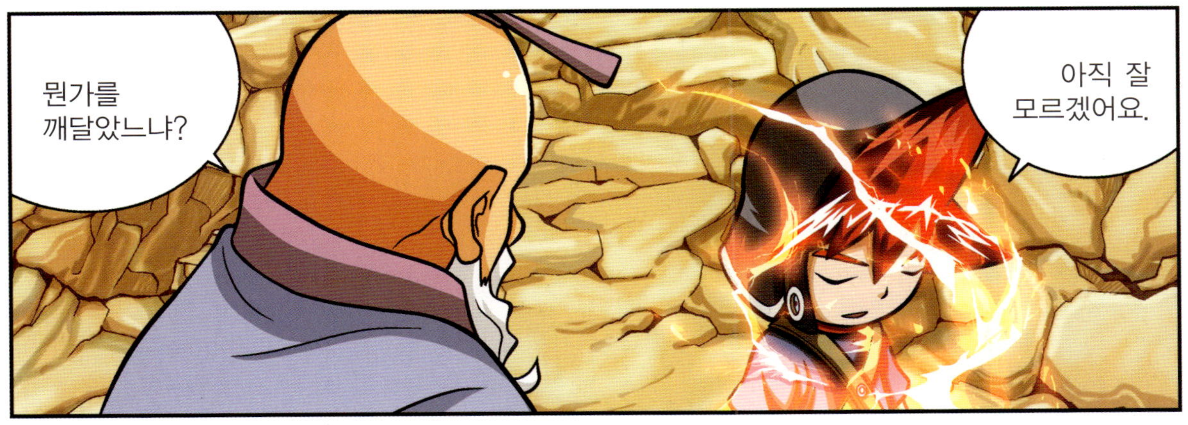

뭔가를
깨달았느냐?
아직 잘
모르겠어요.

하지만 절대
지지는 않을 것
같아요.
녀석, 많이
늠름해졌구나.

너에게
기회를 주마.

뭐라?

이대로
물러간다면
싸우지 않겠다.

큭.

크하하하하!

음…….
할 수 없군.

꼬맹이 주제에 나를 봐주겠다는 거냐!

일지매의 의지야! 나타나거라!

슉

파

아

앗

뭐지?
번쩍
크흑.
또 빌공空
마법이냐?
드드드

쿵

슈우우

일지매의
의지로!

3장

동물의 장군
카오의 최후!

온전 전(全)의 부수한자는
들 입(入)입니다.

금동이가 너무 멋있어진 것 같아!
그래도 내가 더 잘 생겼지?
넌 원래대로 돌아왔구나.
키도 더 커졌어.

금동이는 더욱 강해졌어.
네?
금동이가 들고 있는 무기를 봐.
어? 무기가 바뀌었잖아?

일지매의 무기는 의지가 강해질수록 모습이 변해.

무기가 변했다는 건 금동이가 그만큼 강해졌다는 뜻이야.
그렇구나!

큭! 이 꼬맹이가!

이제 봐주지 않아.
뭐라!

감히 나를 봐줬다고?
조심해!
뭐?
큐앙
사삭

건방진 녀석!
놀란 모양이지?

차악

팟

더 이상 너의
땅 지 地 마법은
통하지 않아.

그렇다고
달라질 것
같으냐!

이젠
내 차례다.

入 들입 ノ 入   内 안내 1 刀 刀 内

나타부한!
들입ㅅ!
카오의
품 속으로!
안 내 內!

*범위(範 법 범, 圍 에워쌀 위) : 테두리가 정해진 구역.

外 바깥 외 ノ ク タ 夘 外

아닌 것
같은데?

탁

이 꼬맹이가!

금동이가
엄청나게
강해졌어!

안 내 内와
바깥 외 外 마법
으로 자유롭게
공격하고 있어.

저래서 한자
정신이 중요한
거야.

동방삭
님!

*사방(四 넉 **사**, 方 모 **방**) : 동, 서, 남, 북을 통털어 이르는 말.
*동서남북(東 동녘 **동**, 西 서녘 **서**, 南 남녘 **남**, 北 북녘 **북**)

왜
웃지?
크크!
빠직
빠오를 이긴
꼬맹이었다는 걸
잊었구나.
빠직
콰
쾅
널 무시하고서는
진짜 싸움이 아니겠군!
으아악!

동물의 장군 카오에게 항복이란 없다.
또 변신한다고 해도 날 이길 순 없어.
아직 내겐 마지막 방법이 남아 있어!
어?
파향

入 들입 丿 入   全 온전 전 丿 入 亽 仐 全 全

넌 살 수 있을지 모르지만, 네 친구들은 지킬 수 없을 거다!
금동아!
차악
들 입 入을 부수로 해서 친구들을 모두 온전하게 지켜라! 온전 전 全!
와
차
앙
全

ガガ

콰콰 콰콰쾅!!

쿵
쿵

모두들 괜찮아?
콜록 콜록
귀가 멍멍해.

난 괜찮아.
다른 사람들은?

험험. 나도 괜찮다네!
자네보다 금동이가 더 걱정일세.

모두 무사해서 다행이다.
금동이가 아니었으면 큰일 날 뻔했어.
금동아, 고마워.
다행히 폭발 직전에 들 입 入 을 부수로 한
온전 전 소 마법을 써서 보호막을 만들 수 있었어.

그런데 온전 전 全으로 끝난 게 조금 싱겁지 않아?
그러게.
이길 수 없다고 자폭이라니.

그렇지 않아.
승부를 위해서는 어떤 방법도 가리지 않는 무서운 녀석들이지.

한대제 님!
아직 끝이 아니야.

빠오와 카오가 완전히 사라진 것 같진 않구나.
네?

빠오는 식물의 장군이고, 카오는 동물의 장군 이니까 말이다.

세상에 식물과 동물이 있는 한, 언제든 다시 부활할 수 있지.
스승님!

아무튼 지금은 금동이가 최고야.
응?

덕분에 내 미모가 망가지지 않았거든.

폭발할 때 열을 그냥 뒤집어썼으면 폭탄 머리가 됐을 거 아냐?
쟤는 그냥 둔 걸 그랬나?
끄덕

하하.
호호.
이럴 수가! 카오마저 당하다니.

가까이서 봤다면
나까지 날아갈
뻔했잖아.
아차! 이 소식을
빨리 지오 님께
알려야 해!
타 타 탁
엥?

4장 생명 나무는 어디에?
記
기록할 기
기록할 기(記)의 부수한자는
말씀 언(言)입니다.

동물의 장군
카오마저 당했단
말이냐?

그렇습니다!
놈들이 엄청
강했어요!
흠.

카오는
이기려고
자폭까지
했지만……

알았다.
돌아가거라.

그게
저…….

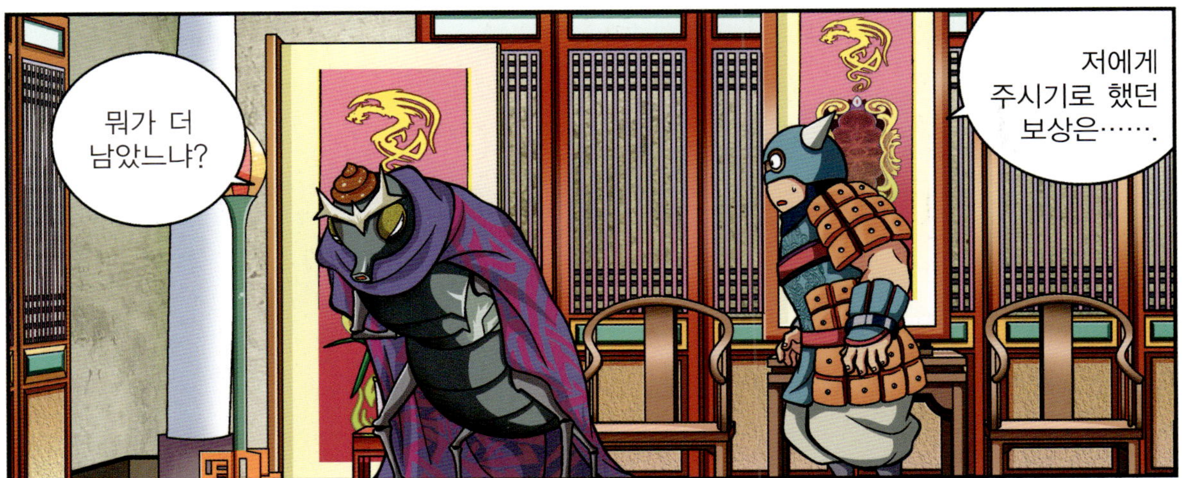

뭐가 더
남았느냐?

저에게
주시기로 했던
보상은…….

아차, 그게
남아 있었지?

감사
합니다!

널 그냥
두면 분명히
한마황에게
이 소식을
전할 테지.

네?

나타부한!
늙을 로 老!
여기서 늙은 채로
남아 있거라!
파
앙
으헉!

늙을 로 老!
어차피 한마황도
알게 되겠지만,
아직 알아선
안 돼.
네.
쿨럭~.

헉!
늙을 로 老
때문에 노인이
됐어.

쿨럭~.

놈들은 이제 생명 나무를
찾아 백의종이라는 선비를
구하려 들 것이다.

거길 따라가면
쓸데없는
싸움을 또 하게
될 텐데…….

그럼 다른
계획을 실행해
볼까?

OX 퀴즈 늙을 로 老는 제부수한자이다? (정답은 108쪽에 있어요.)

근데 금동이는
어디 갔지?
넌 왜 여기서
농땡이야!
오이 마사지
받으러 갈래.
힝~!
다다다

호야, 금동이
봤어?
저쪽으로
가는 것
같던데.

흠.

거기 서!
다다다

이번 싸움으로 난 더욱 강해졌어.

하지만 다음에도 마음을 완전히 비울 수 있을까? 만약 그러지 못하면…….

고민이 많아
보이는구나.

동방삭 님!

아니에요~.
얼른 하늘 고을
공사를 마쳐야
할 텐데요.

그럴 것 없다.
너희는 원래
목적이 있지
않느냐?

네?

생명 나무를
찾아서 백 선비의
목숨을 구하는 것
말이다.

스승님!

아직까지 그 정도
힘은 충분히
있으니까 말이다.
하지만.
하늘 고을을
되살리는 건
나랑 동방삭에게
맡기거라.

한대제 님의 말씀
대로 해.
미도야!
두 분과
내 힘까지
합치면 여긴
문제없어.
벌써 준비가
끝난 사람도
있는걸?
응?

먼저 준비해서
미안해요. 하지만
빨리 생명 나무를
만나지 못하면
백 선비님은…….

제가 지율랑
선비님 생각을
못했네요.

저희도 준비
끝났어요!

척

얼른
백 선비님을
구하러 가야죠!

준비 완료!

너희들 모두
고마워.

자, 모두
준비가 된 것
같은데.
물론!

그럼
생명 나무를
향해 떠나
볼까?
출발!

그런데 생명
나무를 어디서
찾아야 되지?

그 문제가
남아
있었지?
헉!

걱정하지 마.
나랑 동방삭
님이 길을
열 테니까.

길을
여는 건 어렵지
않다만…….
네?

생명 나무는
아무에게나 '진짜
열매'를 주지 않는
게 문제야.

진짜
열매요?

열매를 얻는 대신
생명 나무의 부탁을
들어줘야 하거든.

그거라면
걱정하지
마세요.

응?

저희는 백 선비님을
구하기 위해서라면
뭐든 할 수 있어요.
맞아요!

!

그래, 그렇지.
너희들이라면…….

좋아. 길을
열어 주마
이쯤이 좋겠군.
갑자기
체조를?

 말씀 언

記 기록할 기 `ㅡ ㅡ ㅡ ㅡ ㅡ 言 言 言 記 記 記

찾아와서
이게 생명 나무로
가는 길?
촤라락

길을 열었으니, 우리가 할 수 있는 건 다했구나.
씨익

동방삭 님!

가거라!
우아악!
조심히~.
악!
기록할 기 記에
따라 제대로
가고 있는 거
맞죠?

*운명(運 옮길 운, 命 목숨 명) : 인간을 포함한 모든 것을 지배하는
초인간적인 힘.

꺄아아아!
완전 어지러워!
돌돌 돌돌

괜찮아?
문제없어! 으웩.

머리는 왜 잡고 있어?
헤어스타일 망가질까 봐!
못 말려. 켁!

저길 봐!
끝이 보여.
차아아앙
그팡
난다,
난다!
맨
앙~
내 머리!
맞게
왔겠지?
휴~. 스타일
살아있네.
응?

저건?

둥
저게 바로
전설 속의
생명 나무야!

5장 生命 나무의 열매!

活

살 **활**

살 활(活)의 부수한자는
삼수변(氵)입니다.

방금 들었어?
나무가 말을 하다니!

나는 세상의 모든 부수한자를 다스리는 생명 나무이다.

방문자들은 이야기를 나눌 수 있는 부수한자를 말하거라!
이야기를 나눌 수 있는 부수한자?

생명 나무 님~.
그냥 저랑 얘기하면
안 될까요?
이쁜 저를
봐서라도용.
무조건
애교라니!
어이구!
야잉
야잉

…….

역시
역효과야.
무안하게
그러지 마.

그냥 말해선
대답을 안 하네!
제가 해
볼게요.

좋은 방법이
있어?
그럼.

말씀 언 言을
부수로 해서
뀨앙
한 말씀만이라도
해 주세요!
말씀 어 語!
뀨앙
語 말씀 어 ` ㆍ ﹁ 亠 言 言 言 計 語 語 語 語 語
127

우리와 이야기를
나눠 주세요!
말씀 어 語!

말씀 어 語
마법이 실패한
건가?

나타부한!
말씀 언 言!
!

話 말씀 화 ` 一 二 亖 言 言 言 言 訁 訐 訐 話 話

좋다!
이야기를 나눠 주마.
우리가 해냈어!
어떻게 그걸?
맞아요!

저…….
사랑하는 사람을
구하고 싶다고?
우아!
기록할 기記를
따라 우리가 왜
왔는지 이미
알고 있어.

*대가(代 대신할 **대**, 價 값 **가**) : 노력이나 희생을 통하여 얻게 되는 결과.

선비님!

그분을 살릴
수 있다면 뭐든
하겠습니다.

제 생명이라도
바칠 테니 제발
그분을 구해
주세요!

저희도 뭐든
할 거예요!

모두…….

*진정(眞 참 진, 情 뜻 정) : 참되고 애틋한 정이나 마음.

내 요구에 응할
방문자는 쇠 금 金
부수한자의 선비다.

네?

내 요구는
한타지를 구해
달라는 것이다!

그대는 어둠의
마왕으로부터 한타지를
구할 운명의 소년……．

헷
문제없어요!
저도 그럴
생각이었어요!

우리도
도울 거예요.
맞아요!
나도!

그대의 앞날에
엄청난 갈등이 한 번
올 것이다.
아!

그때 어떤
선택을 할지는
그대의 몫…….

엄청난 갈등이라고?
반드시 한타지를 구해 다오!
팡
나타부한! 삼수변 氵!
살아나라! 살 활 活!
136　氵 삼수변　活 살 활

살 활活 열매는 목숨 명命 마법 때문에 죽어 가는 생명을 살려 줄 것이다.
명심하거라! 갈등 앞에서 올바른 선택을 해야 한다!
헉!
빠!
쩌걱
쑤욱
촤아앙
으아악!
어디로 가는 거지?

쿵
쿵

후우

약이라도
도움이 되면
좋으련만······.
생명의 꽃도 점점
시들어가고.
예고고 영감
우리 그만 할래

파직
파직
엥?

파앗

으하하학!
너흰 뭐냐?
쿠당탕!

난 누구?
여긴 어디?
어떻게
된 거야?
금동아!

의원님?

드디어
왔구나!
켁!
켁!
이거 좀
놓고.

생명 나무
땡큐~.
백 선비님이?
여긴
백 선비님이
계시던
동굴이잖아.

아! 선비님.
이야기를 듣고 싶지만 시간이 없구나!
선비님을 고칠 약을 가져왔느냐?
살 活 열매예요!
짠
슉
오! 이건 생명 나무의 살 活 열매!

活 살 활 　 丶 丶 氵 氵 汗 汗 活 活 活

파아앗

스스스

OX 퀴즈 살 활 活의 부수한자는 이수변 冫이다? (정답은 146쪽에 있어요.)

너무
늦었구나.
!

살 活 열매를
사용할 수도 없는
지경이 되고
말았어.

저, 정말.
백의종
선비님이…….
이대로
돌아가신
거라고요?

으흐흐흑!
지율랑
선비님!

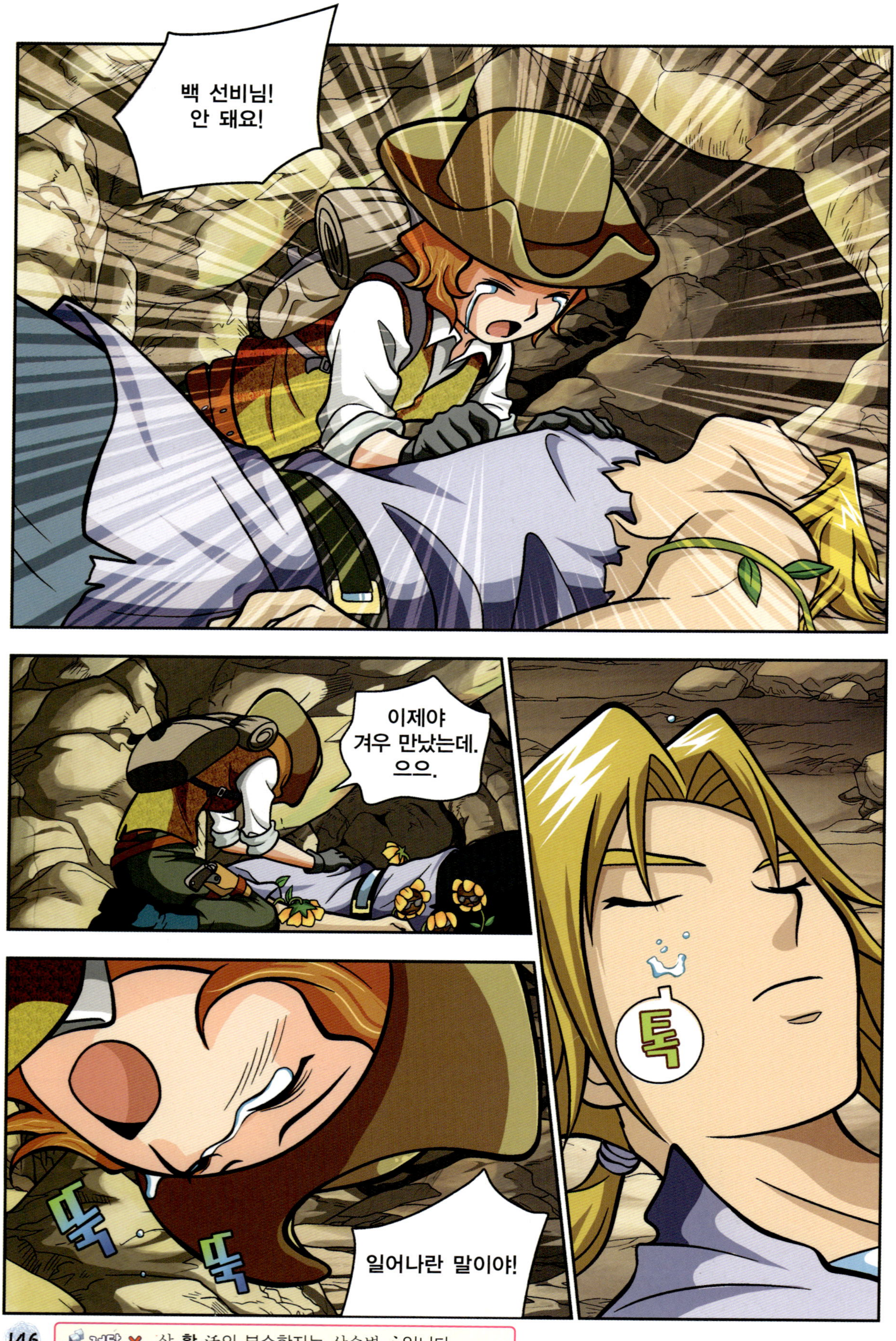

정답 ✗ 살 활 活의 부수한자는 삼수변 氵입니다.

오호
요

그, 그럼?
어? 생명 꽃들이 살아 났잖아?

흐음.
어?

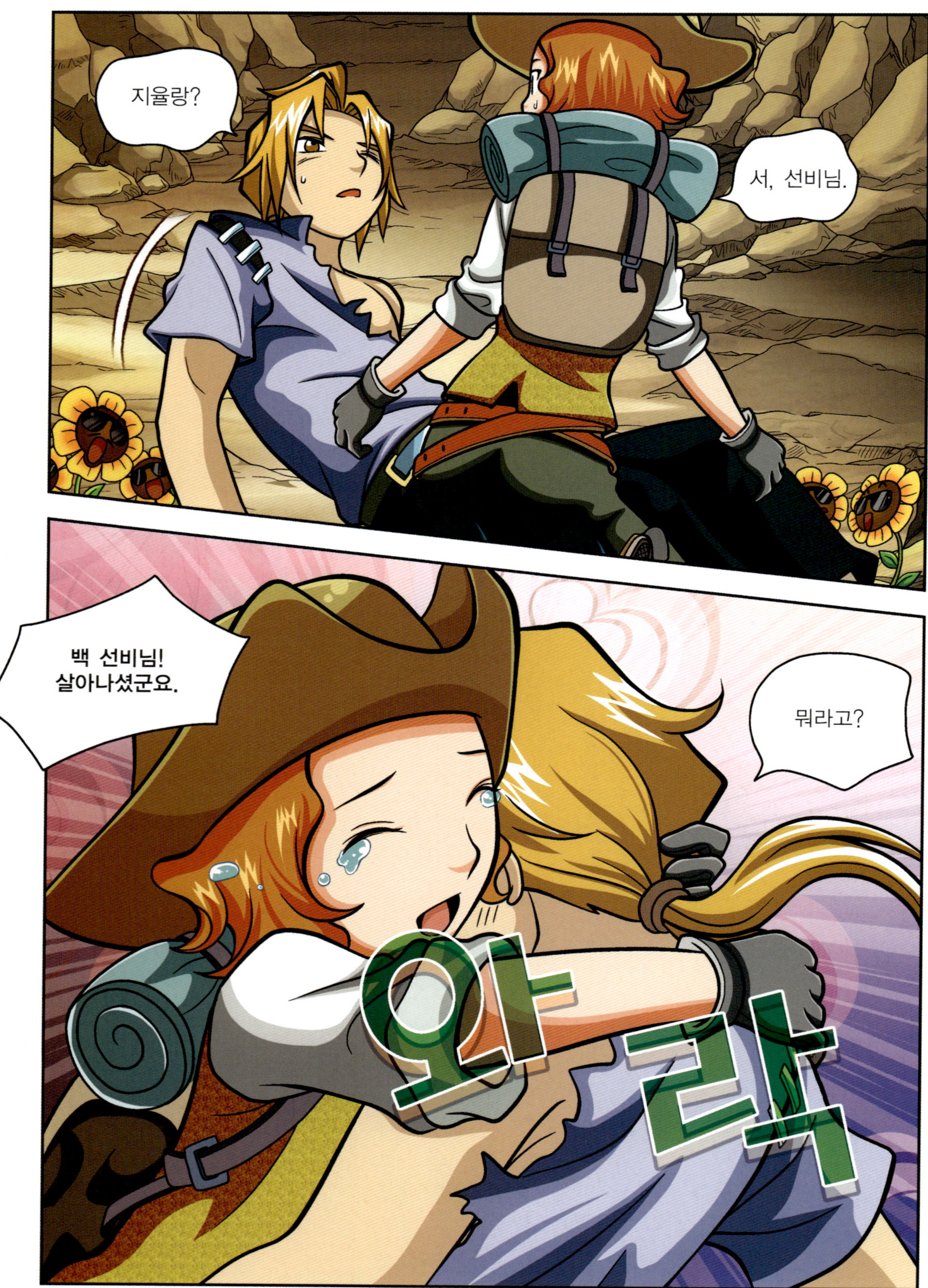

지율랑?
서, 선비님.
백 선비님!
살아나셨군요.
뭐라고?
와
락

왜?

그리고 보니
난 목숨 명 命
마법 때문에
죽어가고
있었는데…….

설마 모두들
나를 위해서?
헤헤~.

이 은혜를 어떻게
갚아야 할지.

백의종 선비님이 살아났어! 이제 한마황만 무찌르면 돼!
좋아! 좋아!

…….

금동 님, 한마황은 엄청 강해요.
알고 있어요.

하지만 제겐 이게 있죠.
아!

맞아요.
선비님이 주신
백의종건!

훌륭한 무기가
되었군요.

애 애 애 애 앵
응? 무슨
소리지?
애 애 애 애 앵
저건 뭐야?
꺅!

ブ

ン

갑자기 등장한 지하의 장군 지오! 여긴 왜 온 걸까요? 9권에서 계속됩니다.

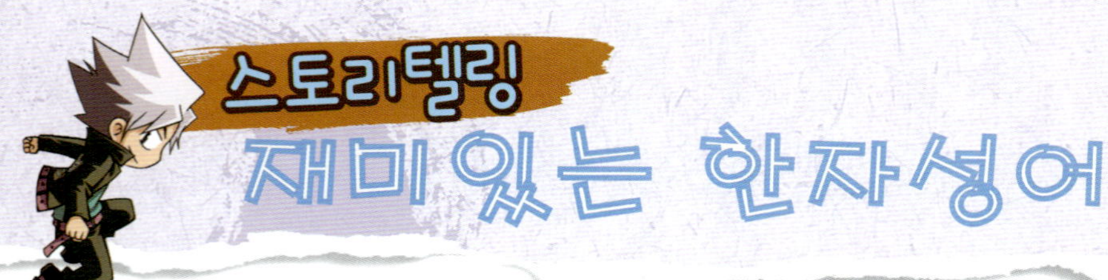

외유내강

外 柔 內 剛

바깥 **외** 부드러울 **유** 안 **내** 굳셀 **강**

맞아.
지율랑 선비님
너무 멋있어!

웬일이야?
다른 사람을
멋지다고
하고?

겉
속
하하!
무리하지 마.
나르시스~
멋있어!
내가
더 멋있어!
코오오

히~. 나도
외유내강인가?
그건
이중인격
이지!

불끈
대신 내가
외유내강
할게.
너도
아니거든.

천재 행복 코믹스
나타부한 테일즈런너 Tales Runner
부수한자 8
워크북

B0243-9AAC5

특별 제공
테일즈런너
3,000 캐시
+
5,000캐시 상당의
아이템

* 쿠폰 사용기간(유효기간)은 도서 발행일로부터 1년입니다.
발행일은 본책의 판권 페이지를 참조하세요.

〈쿠폰 이용 방법〉
❶ 테일즈런너 홈페이지 (http://tr.nopp.co.kr)
로그인!
❷ 〈내 쿠폰 교환소〉에 들어가서 〈도서상품쿠폰〉 탭 클릭!
❸ 〈테일즈런너 나타부한 부수한자〉에서
〈8권〉을 선택 후, 올바른 쿠폰 번호 입력!
❹ 내 계정에서 3,000 캐시와 5,000 캐시 상당의 아이템 확인!
❺ 재미있게 테일즈런너를 즐긴다!

http://tr.nopp.co.kr 지금 접속하세요!

〈쿠폰 이용 시 주의사항〉
• 쿠폰 입력 횟수는 한 계정당 한 번으로 제한되며,
동일한 도서를 여러 권 구입하여 입력하는 것은
허용되지 않습니다.

• 본 쿠폰은 네이버 플레이넷, 엠게임, 투니랜드
회원들은 이용하실 수 없습니다.

• http://tr.nopp.co.kr로 접속하셔서 계정 등록
후 이용하여 주시기 바랍니다.

문의사항은 테일즈런너 홈페이지를 이용하세요.

나타부한!
워크북으로 다시 한번
부수한자에 대해 재미있게
공부해 볼까요?

차례

구성과 특징

부수한자 마법 훈련, 급수 한자 마법 훈련

▲ 본책에서 공부한 부수한자와 급수 한자의 숨겨진 이야기와 여러 가지 뜻을 알 수 있고, 필순에 따라 써 볼 수 있습니다.

스토리텔링! 생활 속 한자, 교과서 속 한자

▲ 일상생활에서 활용할 수 있는 한자 단어와 교과서에 나오는 한자 단어를 재미있는 만화와 이야기 속에 담아 스토리텔링 학습을 돕습니다.

급 수 한 자 실 력 쌓 기

▲ 한자능력검정시험과 같은 유형의 문제를 생동감 있는 만화와
함께 구성하여 한자 실력을 높일 수 있습니다.

필 순 미 로 탈 출

▲ 재미있는 미로 탈출 게임을 하다 보면 한자 학습에서 중요한
필순을 자연스럽게 익힐 수 있습니다.

나타부한! 구멍 혈 穴 3급

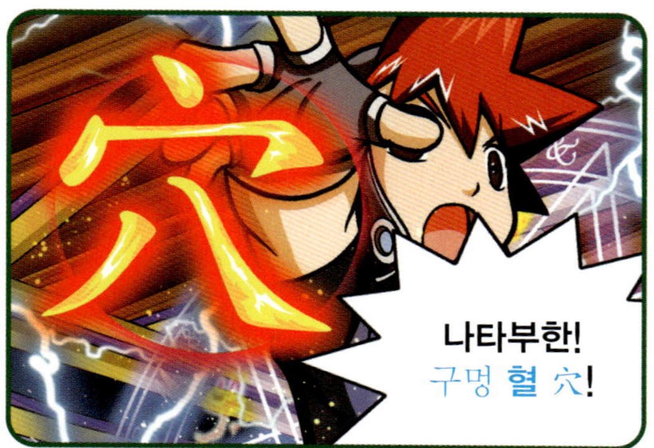

알아보기

구덩이를 만들어라! 구멍 혈!
- 구멍이나 굴과 관련된 문자에 사용됩니다.
- 본책에서는 빌 공 空의 부수한자입니다.

◉ 여러 가지 뜻과 음

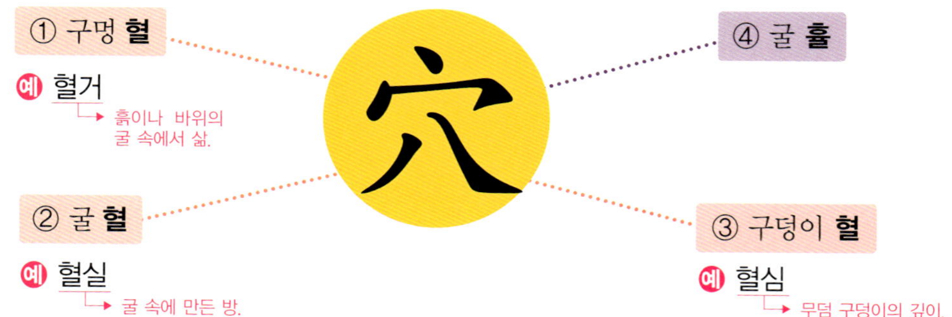

① 구멍 혈
예 혈거
→ 흙이나 바위의 굴 속에서 삶.

② 굴 혈
예 혈실
→ 굴 속에 만든 방.

④ 굴 휼

③ 구덩이 혈
예 혈심
→ 무덤 구덩이의 깊이.

◉ 필순에 따라 쓰기

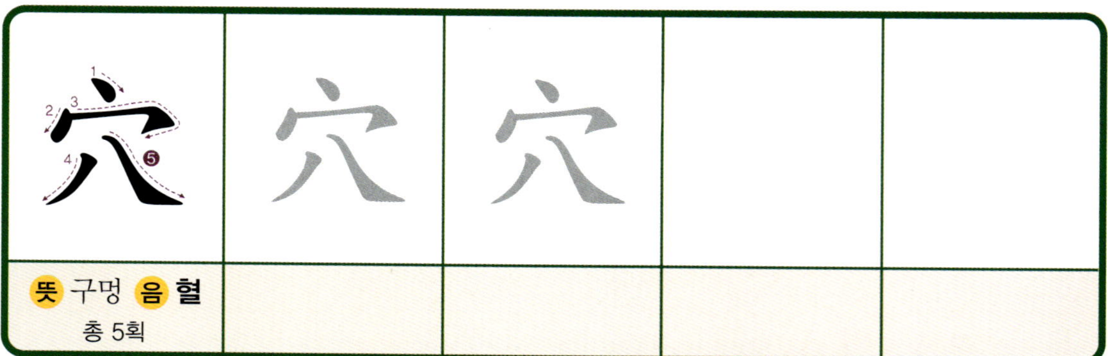

뜻 구멍 음 혈 총 5획				

나타부한! 들 입 入 **7급**

알아보기

화살표 방향으로 들어가라! 들 입!
- '入'은 방향을 가리키는 화살표의 모양을 나타낸 글자로, 들어가는 방향을 가리킨다는 데서 '들어가다'를 뜻합니다.
- 본책에서는 안 내 內, 온전 전 全의 부수한 자입니다.

◉ 여러 가지 뜻과 음

① 들 **입**
예 입주, 입구, 입학
→ 학교에 들어감.
→ 들어가는 어귀.
→ 새로 들어가 삶.

② 빠질 **입**

◉ 필순에 따라 쓰기

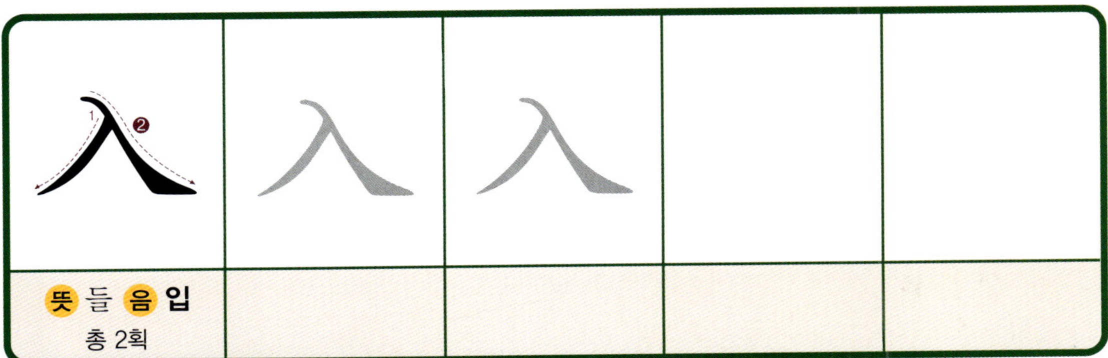

뜻 들 음 입 총 2획				

나타부한! 늙을 **로** 老 7급

지팡이를 짚은 늙은 할머니! 늙을 로!
- '老'는 허리가 굽은 사람이 지팡이를 짚고 서 있는 모양을 나타낸 글자로, '늙다'를 뜻합니다.
- 제부수한자입니다.

⊙ 여러 가지 뜻과 음

⊙ 필순에 따라 쓰기

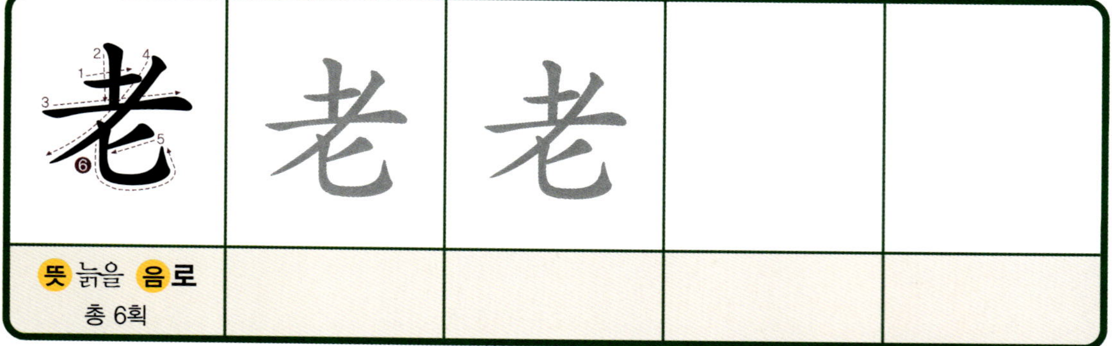

老	老	老		
뜻 늙을 **음** 로 총 6획				

나타부한! 군사 군 軍 8급

알아보기

진을 치고 싸우라! 군사 군!

- '軍'은 전차(수레 **차/거** 車) 주위를 둘러싸고(쌀 **포 勹**) 싸운다는 데서 '군사'를 뜻합니다.
- 부수한자는 수레 **차/거** 車입니다.

◉ **여러 가지 뜻과 음**

① 군사 **군**

예 군란, 군사기지
　　→ 군사 활동의 근거지.
　　→ 군대가 일으킨 난리.

軍

② 진칠 **군**

◉ **필순에 따라 쓰기**

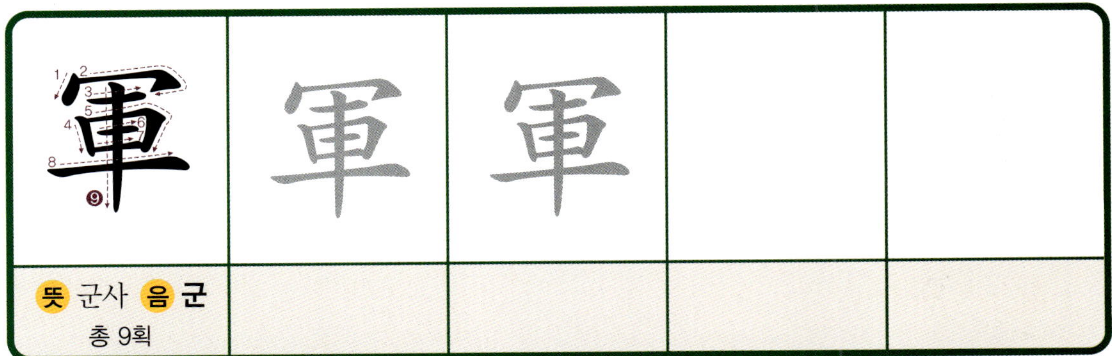

軍	軍	軍		
뜻 군사 음 군 총 9획				

나타부한! 주인 주 主 **7급**

알아보기

등잔불을 관리하는 주인! 주인 주!
- 처음에 '主'는 등잔불을 표현한 글자였지만 지금은 '주인' 이라는 뜻으로 쓰입니다.
- 부수한자는 점 **주** 丶 입니다.

⊙ 여러 가지 뜻과 음

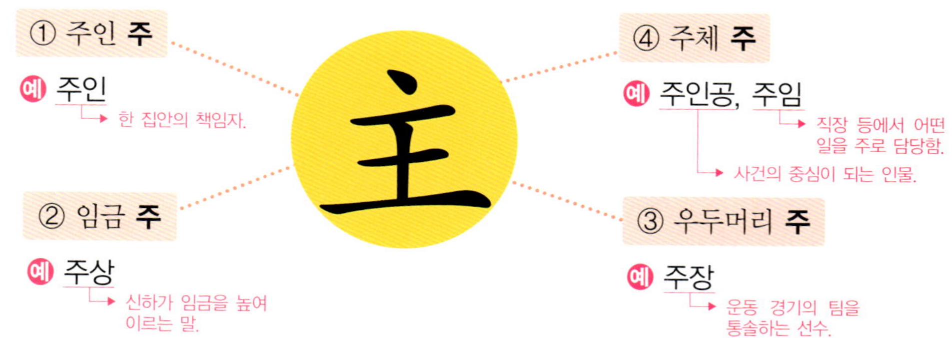

① 주인 **주**
예 주인
→ 한 집안의 책임자.

② 임금 **주**
예 주상
→ 신하가 임금을 높여 이르는 말.

④ 주체 **주**
예 주인공, 주임
→ 직장 등에서 어떤 일을 주로 담당함.
→ 사건의 중심이 되는 인물.

③ 우두머리 **주**
예 주장
→ 운동 경기의 팀을 통솔하는 선수.

⊙ 필순에 따라 쓰기

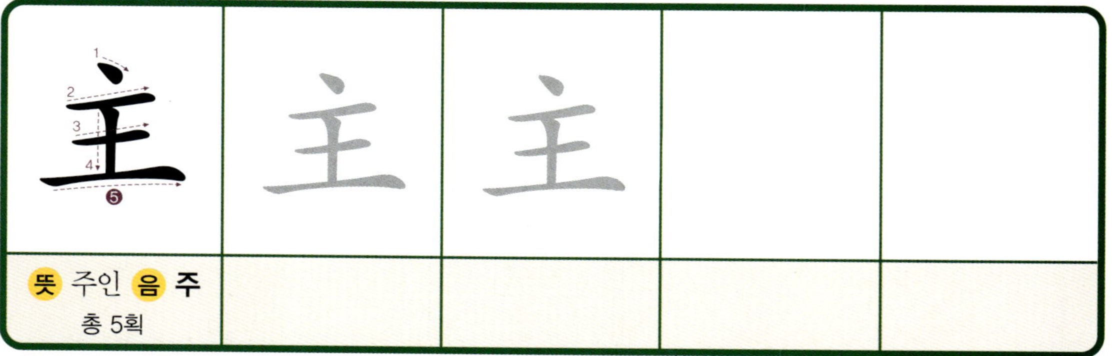

主	主	主		
뜻 주인 **음** 주 총 5획				

나타부한! 있을 유 有 7급

알아보기

손에 있는 고기! 있을 유!
- '有'는 손에 고기를 들고 있는 모양을 나타낸 글자로, 먹을거리가 있다는 데서 '있다'를 뜻합니다.
- 부수한자는 달 월 月입니다.

◉ 여러 가지 뜻과 음

◉ 필순에 따라 쓰기

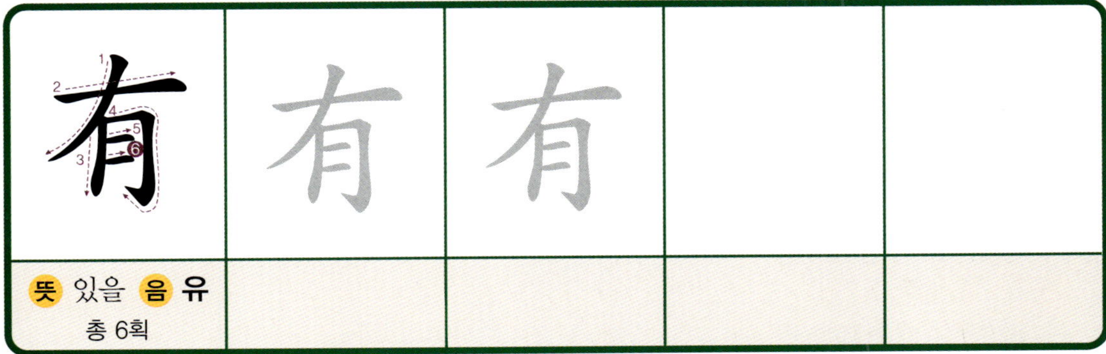

有	有	有		
뜻 있을 **음** 유 총 6획				

나타부한! 안 내 內 **7급**

알아보기

안으로 들어오는 입구! 안 내!
- '內'는 집의 입구를 나타낸 글자로, 입구를 통해 안으로 들어간다는 데서 '안'을 뜻합니다.
- 부수한자는 들 **입** 入입니다.

◉ 여러 가지 뜻과 음

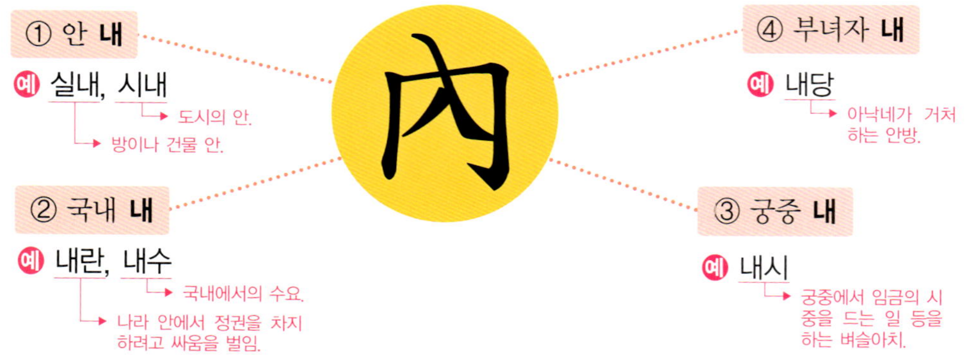

① 안 **내**
예 실내, 시내
→ 도시의 안.
→ 방이나 건물 안.

② 국내 **내**
예 내란, 내수
→ 국내에서의 수요.
→ 나라 안에서 정권을 차지하려고 싸움을 벌임.

內

④ 부녀자 **내**
예 내당
→ 아낙네가 거처하는 안방.

③ 궁중 **내**
예 내시
→ 궁중에서 임금의 시중을 드는 일 등을 하는 벼슬아치.

◉ 필순에 따라 쓰기

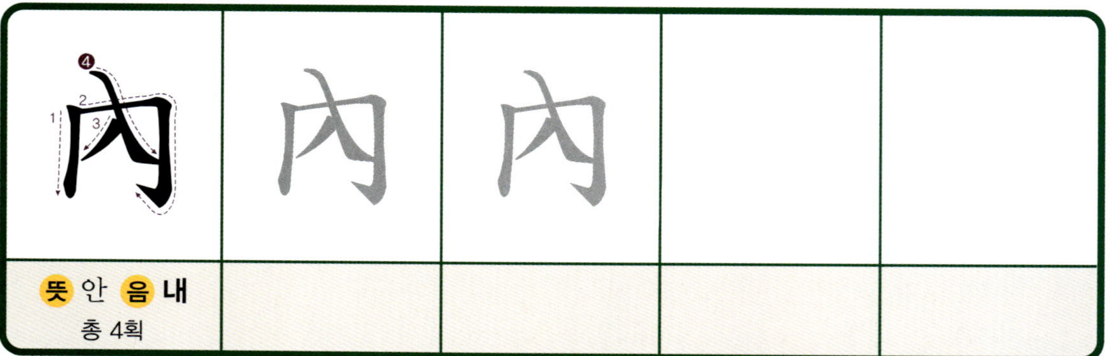

內	內	內		
뜻 안 **음** 내 총 4획				

나타부한! 온전 **전** 全 `7급`

온전한 상태의 틀! 온전 전!
- '全'은 물건을 나타내는 틀이 온전한 상태 그대로 있는 것을 나타낸 글자로, '온전하다'를 뜻합니다.
- 부수한자는 들 **入入**입니다.

◉ 여러 가지 뜻과 음

◉ 필순에 따라 쓰기

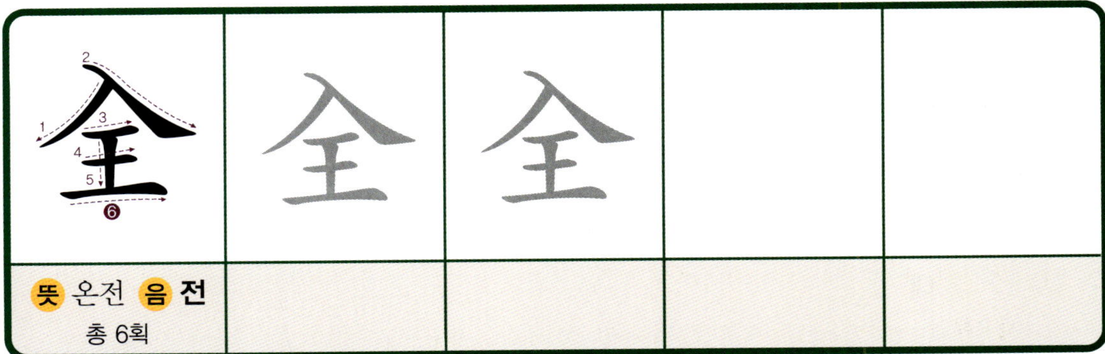

全	全	全		
뜻 온전 **음** 전 총 6획				

급수 한자 마법 훈련

나타부한! 바깥 외 外 8급

알아보기

저녁에 점을 보는 건 관례에 어긋난 일! 바깥 외!
- '外'는 저녁(저녁 석 夕)에 점(점 복 卜)을 보는 것은 관례에 어긋난다는 데서 '바깥'을 뜻합니다.
- 부수한자는 저녁 석 夕입니다.

◉ **여러 가지 뜻과 음**

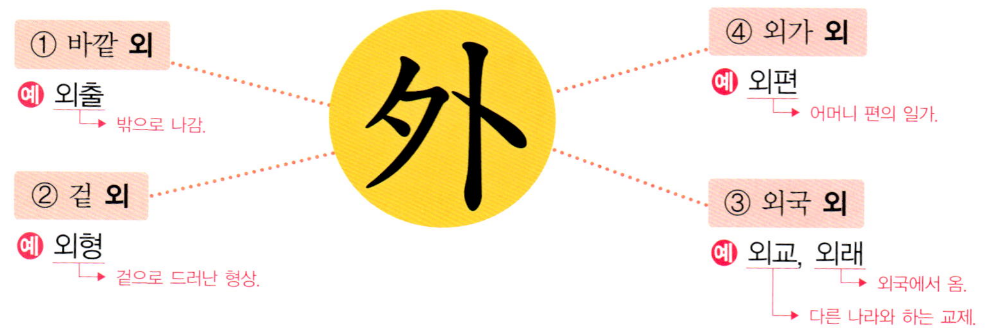

◉ **필순에 따라 쓰기**

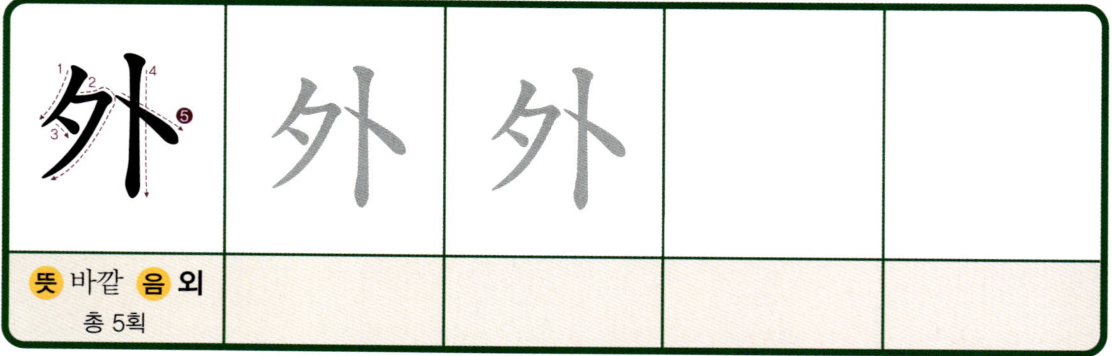

나타부한! 기록할 기 記 **7급**

다른 사람의 말을 기록하자! 기록할 기!
- '記'는 말씀 **언** 言의 뜻과 몸 **기** 己의 음을 합쳐 '기록하다'를 뜻합니다.
- 부수한자는 말씀 **언** 言입니다.

⊙ 여러 가지 뜻과 음

⊙ 필순에 따라 쓰기

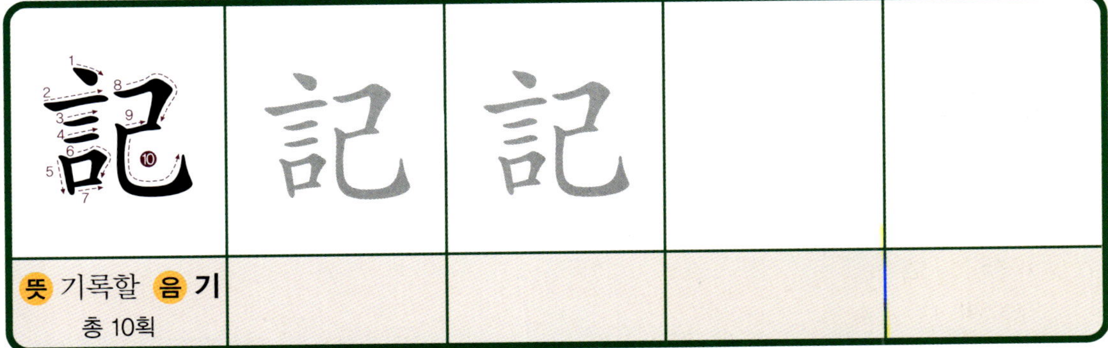

記	記	記		
뜻 기록할 **음** 기 총 10획				

※**파자**(깨뜨릴 **파** 破, 글자 **자** 字) : 한자의 자획을 풀어 나눔.

나만큼은 아니지만,
빠른 달팽이도
인상적이었지.

舌
혀 설
혀(혀 설 舌)가
氵
삼수변
물(삼수변 氵)을
만나 살 것
같아요.

活
살 활

휴~. 이제
살 것 같다.
벌컥 벌컥
나도 좀~.

土
흙 토
흙(흙 토 土)이
也
어조사 야
무엇
(어조사 야 也)
이지? 땅이지!

地
땅 지

땅 속에
보물이 있다고?
흙을 계속 파라.
헉헉.
팍
팍

나의 실력을
다시 한 번
보여 줄까?

아니 됐거든.

穴
구멍 혈
구멍
(구멍 혈 穴)을
工
장인 공
장인(장인 공 工)이
제대로 만들면 완전히
속이 텅텅 비겠지?

空

빌 공

내가 구멍
만들기의
달인이지.
완전히 속이
텅 비었네!
역시 장인의
향기가~.

◉ 기를 **육** 育

- 체육(몸 **체** 體, 기를 **육** 育) : 일정한 운동을 통해 신체를 튼튼하게 단련시키는 일.
- 육아(기를 **육** 育, 아이 **아** 兒) : 어린아이를 기름.

◉ 땅 **지** 地

- 지상(땅 **지** 地, 윗 **상** 上) : 땅의 위.
- 지하(땅 **지** 地, 아래 **하** 下) : 땅속이나 땅속을 파고 만든 구조물의 공간.

● 늙을 로 老

- 노인(늙을 로 老, 사람 인 人) : 나이가 들어 늙은 사람.
- 노련(늙을 로 老, 단련할 련 鍊) : 많은 경험으로 익숙하고 능란함.
- 경로(공경 경 敬, 늙을 로 老) : 노인을 공경함.

◉ 있을 **유** 有

- 유별(있을 **유** 有, 다를 **별** 別) : 다름이 있음.
- 유명(있을 **유** 有, 이름 **명** 名) : 이름이 널리 알려져 있음.
- 유력(있을 **유** 有, 힘 **력** 力) : 세력이나 재산이 있음.

◉ 빌 **공** 空

• 공중(빌 **공** 空, 가운데 **중** 中) : 하늘과 땅 사이의 빈 곳.

◉ 온전 **전** 全

• 전국(온전 **전** 全, 나라 **국** 國) : 온 나라.
• 전 세계(온전 **전** 全, 인간 **세** 世, 지경 **계** 界) : 지구 상의 모든 나라.

21

국어

- 기사(기록할 **기** 記, 일 **사** 事) : 신문 등에서 어떠한 사실을 알리는 글.
- 일기(날 **일** 日, 기록할 **기** 記) : 날마다 겪은 일이나 생각, 느낌 등을 적는 개인의 기록.
- 언어(말씀 **언** 言, 말씀 **어** 語) : 생각, 느낌 등을 나타내거나 전달하는 데 쓰는 음성이나 문자.

사회

- 활동(살 **활** 活, 움직일 **동** 動) : 몸을 움직여 행동함.

과학

- 활용(살 **활** 活, 쓸 **용** 用) : 충분히 잘 이용함.

급수 한자 실력 쌓기

1 다음 만화를 보고 밑줄 친 漢字(한자)의 讀音(독음)을 쓰세요.

(1) (　　　　　　　) (2) (　　　　　　　)

2 다음 만화를 보고 밑줄 친 漢字(한자)의 讀音(독음)을 쓰세요.

(1) (　　　　　　　) (2) (　　　　　　　)

3 아래 만화에 있는 漢字(한자)의 訓(훈 : 뜻)과 音(음 : 소리)을 쓰세요.

(   )

4 아래 만화에 있는 漢字(한자)의 訓(훈 : 뜻)과 音(음 : 소리)을 쓰세요.

(   )

5 다음 한자의 ㉠획의 쓰는 순서를 아래에서 찾아 번호를 쓰세요. ················ (   )

① 첫 번째   ② 두 번째

③ 세 번째   ④ 네 번째

6 다음 한자의 ㉠획의 쓰는 순서를 아래에서 찾아 번호를 쓰세요. ················ (   )

① 첫 번째   ② 두 번째

③ 세 번째   ④ 네 번째

7 다음 만화를 보고 밑줄 친 말에 해당하는 漢字(한자)를 〈보기〉에서 찾아 번호를 쓰세요.

〈보기〉 ① 穴 ② 老 ③ 有 ④ 入

(1) 늙다 (　　　　　)

(2) 있다 (　　　　　)

8 다음 만화를 보고 밑줄 친 말에 해당하는 漢字(한자)를 〈보기〉에서 찾아 번호를 쓰세요.

〈보기〉 ① 內 ② 全 ③ 記 ④ 活

(1) 안 (　　　　　)

(2) 살다 (　　　　　)

뜻에 알맞은 한자 찾기

9 빈칸에 알맞은 漢字(한자)를 〔보기〕에서 찾아 번호를 쓰세요.

〔보기〕 ① 育 ② 空 ③ 地 ④ 話

(1)

(2)

(3)

(4)

10 밑줄 친 ㉠과 ㉡에 공통으로 쓰이는 漢字(한자)를 보기 에서 찾아 번호를 쓰세요.

보기 　① 地 　② 記 　③ 話 　④ 活

(1)

(　　　　　　)

(2)

(　　　　　　)

말씀 화 話의
필순을 따라 미로를
탈출해 보세요. 다른 한자나
장애물은 피해야 하는 것
잊지 말고요!
출발!
、
二
三
三
二
有
言
言
言
言

어이쿠!
이동 속도가
너무 빠르잖아.

필순 따라
출발!
地
訝
語
活
訐
空
訁
話
語
도착!

1 (1) 어 (2) 기　**2** (1) 활 (2) 육　**3** 있을 유　**4** 온전 전　**5** ④　**6** ③　**7** (1) ② (2) ③　**8** (1) ①
(2) ④　**9** (1) ① (2) ③ (3) ④ (4) ②　**10** (1) ② (2) ④

풀이

1 (1) 語 : 말씀 **어** (2) 記 : 기록할 **기**

2 (1) 活 : 살 **활** (2) 育 : 기를 **육**

3 有 : 있을 **유**

4 全 : 온전 **전**

5 老 : 늙을 **로** (⼀ ⼗ ⼟ ⽼ ⽼ 老)

6 地 : 땅 **지** (⼀ ⼗ ⼟ ⼟ ⼟ 地)

7 (1) 老 : 늙을 **로** (2) 有 : 있을 **유**

8 (1) 內 : 안 **내** (2) 活 : 살 **활**

9 (1) 育 : 기를 **육** (2) 地 : 땅 **지** (3) 話 : 말씀 **화** (4) 空 : 빌 **공**

10 (1) 記 : 기록할 **기** (2) 活 : 살 **활**

나타부한!
이제 부수한자 자신 있어요!

나타부한 테일즈런너 Tales Runner
부수한자 8
워크북
똑똑하게! 재미있게! 야무지게!
*부수한자로 똑똑하게 한자 실력 쌓기!
쉬운 설명으로 머리에 쏙쏙 들어오는 부수한자
*재미있게 만화를 보며 신 나는 모험 함께하기!
흥미진진한 이야기 속에 살아있는 스토리텔링 한자 학습
*학습과 재미를 동시에 야무지게 꽉 잡기!
갈수록 늘어나는 한자 실력, 갈수록 재미있는 만화
64710
ISBN 978-89-269-6676-1
ISBN 978-89-269-9680-5 (세트)
정가 : 8,800원
주의 책 모서리에 다칠 수 있으니 주의하시기 바랍니다.
부주의로 인한 사고의 경우 책임지지 않습니다.